2016. Schlagzeilen und Gedanken.

AF272167

Sandra Hohmann

Sandra Hohmann

2016.

SCHLAGZEILEN UND GEDANKEN

Impressum

Bibliografische Information der Deutschen Nationalbibliothek:
Die Deutsche Nationalbibliothek verzeichnet diese Publikation in der
Deutschen Nationalbibliografie; detaillierte bibliografische Daten sind im
Internet über http://dnb.dnb.de abrufbar.

© 2016 2019 2022 2023 Sandra Hohmann

Herstellung und Verlag: BoD – Books on Demand, Norderstedt

ISBN: 978-3-7568-6047-0

Vorwort

Notizen, tageweise. So hatte ich diese Aufzeichnung zuerst genannt, als ich sie 2016 begann, und unter diesem Titel waren sie auch in einer ersten Fassung im Jahr 2019 veröffentlicht worden.

Mich hatte die Frage umgetrieben, ob es sich „lohnt", jeden Tag eine kurze Notiz zum Tages- bzw. Weltgeschehen anzufertigen. Ohne eine bestimmte, planvolle Vorgehensweise, nicht etwa immer die Top-Nachricht auf einer bestimmten Seite, in einer bestimmten Nachrichtensendung, sondern eher intuitiv.

Wenn ich Nachrichten lese oder höre – was ich mein Leben lang getan habe und nach wie vor tue – geht es mir wie vielleicht vielen anderen Menschen auch: Ich nehme die Information nicht nur auf, ich kommentiere sie auch in Gedanken, stelle mir Fragen dazu (oder würde jemanden gerne zu etwas befragen) oder ich denke an Ereignisse, die mit der Nachricht – mehr oder weniger offensichtlich – zusammenhängen. All dies ist eine Art Automatismus vermutlich ein antrainierter, erlernter Automatismus, etwas, was ich nicht bewusst entscheide zu tun.

Es gibt Meldungen, Themen, auch Bilder, die mich stärker ansprechen als andere, solche, die mich im Innersten berühren und bei denen es mir schwerfällt, überhaupt angemessene Worte zu finden. Und es gibt andere, die das nicht tun, die ich eher analysierend betrachte oder auch sarkastisch kommentiere – oder zu denen ich schlicht mehr Informationen haben möchte.

Diese Aufzeichnungen sind also in gewisser Weise ein Einblick in meinen Denkprozess.

Während der Denkprozess automatisch abläuft, ist das Aufschreiben dieses Prozesses – oder vielmehr eines Ausschnitts daraus – keineswegs ein Automatismus. Und so war ich selbst erstaunt (auch als jemand, der viel schreibt), wie schwierig es war, tatsächlich jeden Tag etwas zu notieren. Nicht etwa, weil es nichts zu notieren gäbe, sondern aus dem gegenteiligen Grund: Es wird schnell viel, was ich denke, was ich dementsprechend aufschreiben wollen würde, weil Themen miteinander verwoben sind, sich aus dem einen schnell zehn andere Gedanken entwickeln und so weiter.

Diese Aufzeichnungen zeichnen also eigentlich nur eine Auswahl aus einer höchst subjektiven Wahrnehmung des Jahres 2016. Außer Tippfehlern habe ich nachträglich nichts korrigiert und am Text geändert, mit Ausnahme von wenigen Sätzen, die ich in der Rückschau noch zum „Burkini-Verbot" in den Eintrag vom 14. August 2016 eingefügt habe.

Dass ich dieses Thema (und wann es ein Thema gewesen ist) zwischenzeitlich übrigens wieder völlig vergessen hatte, ist interessant. Abgesehen von einer Pandemie, die vieles, auch in der Wahrnehmung und in den Gedächtnissen verändert hat, scheint es im Hinblick auf Nachrichten heutzutage ein Rauschen von Meldungen zu geben, und vielleicht ist das Rauschen auch schon wichtiger als Meldungen an sich, sogar als viele einzelne Meldungen. In jedem Fall wird vieles überlagert, was, so finde ich, nicht überlagert werden dürfte.

Dezember 2022

Inhaltsverzeichnis

Januar

07. Januar 2016

Domplatte. Flüchtlinge. Wie sieht jemand aus, der arabisch aussieht? Wie sieht ein europäisch aussehendes Gesicht aus, wie ein amerikanisch aussehendes Ohr?

09. Januar 2016

Was sagen, was schreiben, wenn nichts Neues zu lesen ist? Wenn die Nachrichtenagenturen so tun, als würde sich alles nur wiederholen, als gäbe es nur zwei oder drei Nachrichten und daneben nichts?

Domplatte, Silvester. Noch immer. In den deutschen Medien, in den deutschsprachigen Medien, in der New York Times. Auf der Titelseite sogar.

Eine Schauspielerin ist gestorben, bereits am 2. Januar, hieß es gestern Abend in den Nachrichten, und dass über die Todesursache nichts bekannt sei. Andere schrieben „noch nichts". Sie war 54 Jahre alt, wenn och mich recht erinnere, ihm Vorname ist Maja und der Nachname beginnt gleichfalls mit einem M. Manarow oder so, glaube ich, muss es aber gleich noch mal nachschlagen. Ihr Gesicht war mir bekannt.

Es würde mich überraschen, wenn sie sich nicht umgebracht hätte.

Ich habe rasch nachgeschlagen: Maranow.

Am späten Abend bin ich überrascht: Es sei Krebs gewesen, ist zu lesen.

10. Januar 2016

Wintersport in der ARD. Halt, es ist ja nicht mehr die ARD, sondern „Das Erste". Das Erste kam nach dem Zweiten, wenn ich mich recht erinnere, und im Gegensatz zu ZDF, das den Namen nach wie vor als Hauptnamen führt, hat die ARD sich komplett umbenannt. Gut, richtigerweise muss es wohl heißen, dass der Fernsehkanal, den man deutschlandweit empfangen kann und der früher ARD hieß, nun das Erste ist, wohingegen anscheinend der Überbau über alle Sendeanstalten, insbesondere auch die Dritten, die ARD ist.

Dennoch frage ich mich, warum man nun nach Jahrzehnten, in denen die Menschen mit den Bezeichnungen ARD, ZDF und WDR (wahlweise: SWR, BR, HR usw.) gut zurechtkamen, die schlichte Zählweise zum Namen macht: eins, zwei, drei.

Ist das jetzt eine Vereinheitlichung, eine Vereinfachung oder eine Trivialisierung?

Die BILD kündigt später am Tag online in großen Lettern eine Analyse von Experten an, Thema: „[W]ie viel Terror uns 2016 droht". Um die sicher ebenso scharfsinnige wie auch valide

Analyse lesen zu können, muss man allerdings zahlen – BILD nennt das seit geraumer Zeit „BILD plus". Interessant ist die Frage, ob die „ursprüngliche" BILD, wenn man sie nun von der Warte der „BILD plus" aus betrachtet, nicht „BILD minus" heißen müsste. Selbst wenn man zahlen und lesen würde, würde mit Sicherheit eines völlig unklar bleiben, nämlich wer „uns" sein soll.

Was man heute noch bei „BILD plus" lesen kann, ist ein „Geständnis" von Howard Carpendale: „Ich dachte an Selbstmord" lautet die Überschrift des … sagen wir „Artikels". Unklar ist, ob man nur dafür bezahlt, um zu erfahren, dass Howard Carpendale zeitlebens einen Gehörschutz trug, während seine … sagen wir „Musik" lief, den er nur einmal ablegte, um unmittelbar darauf den titelgebenden Gedanken zu denken.

11. Januar 2016

David Bowie ist tot. Mehr kann es heute nicht zu sagen geben.

12. Januar 2016

Rache für unsere Frauen. So ein angebliches Zitat, das als Überschrift für einen Artikel – genauer gesagt den ganz obenstehenden Artikel – bei tagesschau.de dient. Wessen Frauen? Nach Durchsicht des Artikels ist das (natürlich) weiterhin unklar, ebenso unklar bleibt allerdings, woher genau das vermeintliche Zitat stammt – von facebook-Gruppen ist dort die Rede, ein paar Posts gibt es als Screenshots zu sehen (wobei auffällt, dass das ebenfalls zitierte „Seit letzter Nacht wird zurückgeschlagen" satirisch verwendet wurde – was aus dem Artikel der Tagesschau aber keineswegs hervorgeht) und so bleibt die Frage offen, in welchem Kontext das titelgebende Zitat geäußert wurde, wenn es denn überhaupt geäußert wurde.

13. Januar 2016

Die wichtigste Frage des Tages scheint zu sein, wie viele der Todesopfer des gestrigen Anschlags in Istanbul denn nun Deutsche waren. Erst acht, dann waren es laut BLÖD vorhin alle, jetzt sind es laut Spiegel neun von elf. Klingt ein wenig wie Lottozahlen.

Noch ein Nachtrag zu einer Nachricht von gestern, nämlich dem Unwort des Jahres 2015: Gutmensch. Abgesehen davon, dass man pro Jahr mindestens 10 Unwörter wählen oder bekanntgeben sollte, um auch nur annähernd den allergröbsten Unsinn zu erfassen, der so verbreitet wird, wundere ich mich seit nunmehr über 15 Jahren, warum eigentlich nicht „Internationaler Terrorismus" zum Unwort des Jahres gewählt wird.

Nachtrag zu Teil 1 meiner Notizen vom heutigen Tage: Gerade habe ich auf www.tagesschau.de die „Netzschau" gesehen, allerdings nur den Aufmacher – dort sind 4 Tweets zu sehen, in denen (überwiegend auf Deutsch) gefragt wird „Wann hört das endlich auf?" Da verschlägt es mir die Sprache. Seit Jahrzehnten Wirtschaftskriege führen, Militärs hochrüsten, die schön weit weg sind, sich seit 5 Jahren aus der Ferne am Bildschirm unter anderem den Krieg in Syrien anschauen, sich darüber aufregen, wenn die Menschen „schon" nach 5 Jahren aus dem Land fliehen und dann naheliegenderweise woanders leben wollen/müssen – und nach nicht mal einer Handvoll „Anschlägen" in „unseren" Gefilden solche Fragen stellen. Die würde ich gerne mal einen nur einwöchigen Zwangsurlaub in einem (Bürger-)Kriegsland verdonnern. Vielleicht wäre das ohnehin eine sinnvollere Maßnahme: All diese hirnamputierten „besorgten Bürger" und Nazis, die irgendwas anzünden, was sie für gefährlich halten, nicht zu den üblichen Strafen zu verurteilen, sondern sie auf eine Reise in eines der Länder zu schicken. Allein natürlich, und natürlich ohne Waffen.

14. Januar 2016

Ein britischer Künstler, in diesem Fall Schauspieler, stirbt mit 69 Jahren an Krebs und sowohl BLÖD als auch vermeintlich seriöse Medien beleuchten nach wie vor alle Buchstaben des Wortes „Terror". Die Nachrichten scheinen sich nicht nur zu wiederholen, sie tun es tatsächlich. Vielleicht sollte man „Terror" auch mal von hinten betrachten: „rorret" – klingt wie eine Aufforderung zum Rohrkrepieren. Wie viele Menschen auf der Straße – und hinter diversen Türen, Fenstern, Mauern – wüssten wohl, was „Rohrkrepierer" eigentlich bedeutet?

15. Januar

Regen, Schnee, reduzierte Geschwindigkeit bei der Bahn (bei ca. 0 Grad und vorausgesagtem Schneeregen – als hätte Deutschland noch in einer Tropenzone gelegen, als diese Züge und Strecken geplant und gebaut wurden), außerdem debattieren die Republikaner in den USA vor sich hin. Allen voran „Le Frisur". Liest, hört, sieht man nur deutsche Medien, könnte man auf die Idee kommen, dass es nur zweieinhalb Kontinente gibt: Europa ziemlich vollständig, Amerika nicht mal zur Hälfte (nämlich nur die USA) und auch Asien nur unvollständig, ich vermag nur keinen Anteil zu nennen, der hier bekannt scheint, vielleicht drei Viertel, denn China ist ja groß und über China steht öfter mal ein kleiner Artikel in den Nachrichten, zumindest ganz unten, so wie heute, wo es darum geht, dass „die Chinesen" in zwei Jahren irgendein Raumfahrzeug auf der „Dark side of the moon" landen lassen wollen. Bin gespannt, wen sie dort so treffen werden.

16. Januar 2016

In England und damit Großbritannien scheint es fast kein größeres Thema zu geben als den ersten Weltraumspaziergang eines britischen Astronauten. Genauer des *ersten* britischen Astronauten. „Fast", weil es daneben schon noch Nachrichten gibt, und zwar nicht nur Fußball, sondern vor allem der „schiefgegangene" Test eines Medikaments in Frankreich (ein Toter, drei anscheinend dauerhaft Geschädigte).

Ach ja, und die Geiselnahme in Burkina Faso. Die nimmt bei tagesschau.de fast die obere Hälfte ein, während auf Sky News nun 10 Minuten über die Bedingungen von Medikamententests diskutiert wurde. Entsetzt stelle ich fest, dass das Thema auf tagesschau.de schon heute gar nicht mehr auftaucht. Und auch bei spiegel.de findet man nur irgendwo ganz unten einen Artikel darüber, wie Medikamententests funktionieren – direkt über einem Artikel zur neuen Staffel des Dschungelcamps. Ach ja, die Pharmaindustrie und -lobby in Deutschland ...

17. Januar 2016

Persönlich: Wie immer höchst unwillig aus London abgereist. Finale im Masters (Snooker) deutlich einseitiger als erwartet.

Auf der „Nachrichtenebene" habe ich festgestellt, wie subjektiv meine Ausschnitte der letzten Tage doch waren, als ich heute mit Entsetzen die New York Times in Händen hielt (korrekterweise muss ich sagen, dass es sowohl zuvor als auch jetzt die „International"-Variante ist) und auf Seite 1 schon wieder, immer noch, in jedem Fall aber überflüssigerweise etwas zu den „Cologne Sex Offenders" las – was dann gleich auf Seite 3 auch noch zu einem fast ganzseitigen Artikel ausgewalzt wurde. Sinngemäß wurde dort tatsächlich in die Kerbe geschlagen „Jetzt muss Deutschland sich doch mal der Realität stellen, wie das Leben mit den ganzen Asylbewerbern so in Wirklichkeit ist". Ich sollte mal schauen, wer diese Autoren, Reporter, Korrespondenten, Märchenonkels und -tanten sind und wo ihr Wolkenkuckucksheim steht.

18. Januar 2016

Mir ist rückblickend unklar, ob sich gestern nichts ereignet hat, worüber ich nachgedacht und was ich in Gedanken kommentiert habe, oder ob ich einfach zu sehr mit meinem Umzug beschäftigt war. Denke ich darüber nach, welche Nachrichten ich gestern gelesen und gehört habe, so sind mir erstaunlich wenige im Gedächtnis geblieben. Einige

„tagesaktuelle", die sich seit Tagen wiederholen und damit weniger tagesaktuell als allenfalls wochenaktuell sind, außerdem einige Kommentare zur Wahl in Taiwan, die „westlichen" Kommentare mit den üblichen China-Ressentiments und dem Tenor, dass es quasi schon diktatorisch wäre, wie China der Republik Taiwan die Unabhängigkeit untersagt bzw. sie davor warnt, diese offiziell zu proklamieren (verrückt, wie man in Europa umgekehrt alles versucht hat, um Griechenland in der Eurozone zu halten – die Größenverhältnisse könnten hinkommen, die wirtschaftlichen nicht unbedingt, es ist viel plausibler, einen Landesteil wie Taiwan „behalten" zu wollen).

Außerdem erinnere ich mich an die Schlagzeile, dass die 60 reichsten Menschen der Welt nun die Hälfte des Gesamtvermögens auf sich vereinen würden. Pervers.

Als erstes jedoch erinnerte ich mich nun – auch wenn ich es zuletzt notiere – an einen Bericht in der taz über eine Ausstellung in der Nationalgalerie (glaube ich jedenfalls) zu „Nazikunst". Klang so interessant, dass ich sie gerne noch besuchen wollen würde.

19. Januar 2016

30 Sekunden vor der Tagesschau der vorletzte Werbespot: Kitschhochzeit in Weiß vor Kitschkulisse mit Kitschmusik. Sprecherin: „Für alle, die in diesem Jahr noch Großes vorhaben: Almased." Ohne Worte.

Erste Meldung der Tagesschau: „Flüchtlingskrise". Gähn. Wie schon seit Wochen: Man solle die Grenzen schließen. Man solle „zu geltendem Recht" zurückfinden. Was heißt: Aufnahme der

Geflüchteten dort, wo sie die EU betreten haben. Wie praktisch für Länder wie Deutschland, vorher muss man ja schließlich immer woanders durch. Die nächste logische Forderung wäre also zu sagen: Wenn die Leute unbedingt nach Deutschland wollen, sollen sie doch durchs Mittelmeer und den Atlantik und durch den Ärmelkanal und die Nordsee nach Deutschland schwimmen.

Meldung zwei der Tagesschau: Der Winter hält Flüchtlinge nicht von der Flucht ab. So was.

Meldung drei dreht sich ebenfalls um Flüchtlinge, dieses Mal aber immer was halbwegs Sinnvolles: Programme zur Unterstützung, konkret: Patenschaften zwischen Flüchtlingen und „Deutschen".

Meldung vier: Reformen in Polen. Also, „Reformen" ist hier eigentlich nicht die richtige Bezeichnung, die Tagesschau wählt sie dennoch.

Meldung fünf: „Juden in Deutschland", die aus irgendwelchen Gründen um ihre Sicherheit führen. Also, mehr als sonst. Und siehe da, es wird eine Verbindung zu den Flüchtlingen hergestellt, von „den Juden" selbst – denn viele Flüchtlinge kämen ja aus Ländern, die Israel nicht wohlgesonnen wären. So jedenfalls meiner Erinnerung nach die Formulierung. Unglaublich. Ich bin der Politik Israels auch nicht wohlgesonnen.

Und dann gibt es gleich eine Tagesschau-Hintergrundinfo im Internet, auf die Jan Hofer hinweist mit den einleitenden Worten: „Können Juden in Deutschland noch sicher leben?" Ich bin sprachlos. Klar, bevor Flüchtlinge in solch gigantischen

Tsunamis über uns hinwegfegten, waren alle sicher, jetzt sind es weder Frauen noch Juden noch ... tja, wer überhaupt noch?

Mir wird schlecht und ich verabschiede mich von der Tagesschau. Wahrscheinlich nicht nur für heute.

20. Januar 2016

Tja, ich überlege nun schon eine Weile, was es zum heutigen Tag zu sagen gibt. Ich war mal wieder zu sehr mit Persönlichem beschäftigt, als dass ich „die Weltpolitik" wirklich wahrgenommen hätte. Zum Persönlichen habe ich Folgendes notiert:

Allein unter Männern.

Es gibt Sphären, in die fast nur Männer ... hm, sollte man tatsächlich sagen „vordringen"? Egal. Es gibt also Bereiche, in denen sich fast ausschließlich – oder zumindest ganz überwiegend – Männer tummeln. Führungsetagen beispielsweise. Handwerk, insbesondere Bauarbeiter. Und sicher noch eine Menge mehr.

Einer dieser Bereiche ist der der Vielreisenden. Egal ob mit Auto, Zug oder Flugzeug: Als alleinreisende, vielreisende Frau bin ich klar in der Minderheit. Es gibt gerne mal die Begleitung zum Mann, aber ohne Begleitung? Und je mehr ein Verkehrsmittel zumindest suggeriert, dass man damit schnell und weit reisen könne, desto höher der Anteil der Männer. Zumindest aus meiner Sicht, denn ehrlicherweise muss ich einräumen, dass ich über das Transport- und Verkehrsmittel

„Auto" nichts sagen kann, da ich es selbst praktisch nie benutze.

Zug und Flugzeug also.

Als Vielreisender oder auch Vielreisende kommt man gerne mal in den Vorzug bestimmter Annehmlichkeiten. Egal, wie man zu diesen Annehmlichkeiten und Vergünstigungen steht, wie sinnvoll sie gestaltet, aufgebaut sind und wie sehr man bzw. frau sich als Kundin durch diese Programme geschätzt fühlt, Fakt ist: Wenn – man möge mir den sehr flachen Witz entschuldigen – „man als Frau" relativ viel Zeit in „Vielreisendenbereichen" (kurz: Lounges) verbringt, also Bereichen, zu denen nur Vielreisende Zutritt haben, sie also sofort als solche zu erkennen sind, stellt frau fest: Ich bin ja (fast) die einzige Frau hier.

Man müsste allerdings ein wenig differenzieren: Bei den Lounges der Deutschen Bahn hat man/frau nicht nur als Vielfahrerin Zutritt, sondern auch als jemand, der nur einmal im Jahr, dann aber 1. Klasse fährt. In wenigen Lounges wird dieser Weizen vom Spreu (oder auch umgekehrt) abgetrennt durch separate Bereiche für die erste Klasse, aber in der Mehrzahl der Fälle werden einfach alle zusammengeworfen: Leute, die einmal im Jahr fahren, Leute, die öfter mal fahren und dann den erforderlichen Status knapp erreicht haben, Leute, die viel Geld für eine BahnCard 100 auf den Tisch legen.

Bei Flughafen-Lounges ist alles noch besser und schlimmer zugleich:

Besser, weil mir als Kundin mehr geboten wird. Und weil es auch einen Unterschied macht, ob ich „nur" viel reise oder ob ich richtig viel reise.

Schlimmer, weil hier tatsächlich keine Frau außer mir selbst zu finden ist – außer den Damen am Empfang, die die Herren, die an ihnen vorbeigehen, freundlich anlächeln dürfen. Ach ja, und natürlich die Damen, die dann hinter den Herren herräumen „dürfen", die das Essen bereitstellen und wahrscheinlich hinter der Trennwand dann auch für die Reinigung des Geschirrs zuständig sind.

Zum Weltpolitischen des heutigen Tages:

Hm, Österreich hat eine „Obergrenze für Flüchtlinge" eingeführt. Die in meinen Ohren zunächst albern klein klang, allerdings habe ich auch noch nicht darüber nachgedacht. Bleibt abzuwarten, wie lange es in Deutschland noch dauert.

Für mich jedenfalls keine Frage mehr des „Ob", sondern nur noch des „Wenn".

21. bis 26. Januar 2016

Meine wenigen Tage in Hongkong sind nachrichtentechnisch bestimmt gewesen von der „üblichen" Lektüre im Internet (weitgehend möglich und keineswegs gesperrt – gesperrt sind lustigerweise eher Finanzseiten wie der Shop von Heimerle + Meule sowie die Berechnungstools der Cosmos Direkt) sowie den beiden Nachrichtenkanälen, die hier im TV zu empfangen sind: Fox News und Sky News. Schaut man Fox, so könnte man denken, der ganze Planet würde sich nur um die erste Vorwahl zur Vorwahl zur Wahl des nächsten Präsidenten der USA drehen. Das ist von morgens bis abends fast das einzige Thema, offensichtlich ist Fox Herrn Trump sehr nah, kann Hillary nicht leiden und macht aus allem ein ganz großes Ding. Ob Trump sagt, er könne auch jemanden erschießen und würde keine Zustimmung verlieren, ob irgendwelche Pseudo-Veteranen Cruz oder Bush unterstützen, ob Bernie Sanders bei einer Fragerunde zur Beantwortung einer Frage aufsteht oder sitzenbleibt - alles ganz wichtig, alles bringt Stimmen oder lässt den Kandidaten Stimmen verlieren. Vorwahlen aus Iowa – bzw. deren Ergebnisse – aus den Jahren 2008 und 2012 werden hervorgeholt, um zu zeigen, wie wahnsinnig richtungsweisend diese ersten Vorwahlen (die nun am 1. Februar stattfinden) sein werden im Hinblick darauf, die Kandidaten, die dann wirklich Kandidaten werden, schon jetzt bestimmen zu können. Sicher.

Auf Sky sieht man hingegen alle paar Stunden einen Bericht über den Herrn, der allein durch die Antarktis wollte, und nun tot ist. Ich musste den Namen nachschlagen, da ich ihn schon wieder vergessen habe: Henry Worsley. Besonders tragisch finden es die Sprecher und Kommentatoren und überhaupt alle, dass er es fast geschafft hatte und 30 Meilen vor dem Ziel ausgeflogen werden musste – und dann im Krankenhaus schnell an einer bakteriellen Infektion oder vielmehr dem dadurch hervorgerufenen Multiorganversagen starb. Keine Ahnung, ob die Tragik 40 Meilen vor dem Ziel geringer gewesen wäre oder ab welchem Punkt es überhaupt angefangen hat, tragisch zu werden. Ich musste natürlich, als ich die Meldung sah, sofort an „Everest" denken, den ich auf dem Hinflug gesehen habe. Bis zum Schluss des Films wusste ich nicht (da ich wie immer nicht vorab gelesen habe), was ich da gucke – der Titel war natürlich selbsterklärend, was das Thema und das Setting angeht. Ich wusste aber nicht, dass es eigentlich „nur" die Verfilmung realer Ereignisse war. Und es war filmisch so flach umgesetzt, dass ich es auch tatsächlich durchgehend für einen typisch-schlechten Hollywoodstreifen gehalten habe. Im Anschluss habe ich dann die Hintergründe recherchiert, mir einiges durchgelesen, was es zu den Teilnehmern der damaligen Bergbesteigung zu lesen gab, und bin darüber auch zu anderen Bergsteigern gelangt. Seltsames Völkchen. Prinzipiell kann ich verstehen, dass man nicht aufgeben will, wenn man einmal unterwegs ist, aber wie man so dermaßen blauäugig in die Besteigung eines 8000 Meter hohen Bergs gehen kann, dass man durchgehend abhängig von dem ist, was andere tun oder lassen, erschließt sich mir nicht. Um den erzählerischen Kreis zu schließen: Ich fand es eigentlich noch absurder, dass Henry Worsley (wenn ich es richtig verstanden habe) zwei Tage sehr angeschlagen in seinem Zelt verbracht hat, ehe er über Funk um seinen Ausflug gebeten hat. Im Gegensatz zur Spitze des Everest ist es dort relativ einfach, sich retten zu lassen, offenkundig war aber wichtiger, das gesetzte Ziel erreichen zu wollen. Wofür auch immer.

Februar

14. Februar 2016

Erstaunlich, wie lange so ein Umzug mich davon ablenken konnte, auch nur einen Satz zum jeweiligen Tag aufzuschreiben. Tatsächlich lag es nicht daran, dass ich den physischen Schreibprozess nicht hätte in Angriff nehmen können oder wollen, auch in Gedanken habe ich kaum etwas niedergeschrieben.

Nun dachte ich gerade gestern noch beim Satz eines Nachrichtensprechers, dass dieser so dämlich sei, dass ich ihn kommentieren müsse. Offenkundig habe ich es aber nicht einmal über Nacht geschafft, ihn mir zu merken.

Also: A fresh start.

Heute ist Valentinstag. Aus diesem Anlass fragt die BLÖD online: „Hat der Feminismus die Liebe zerstört?" und fordert potentielle LeserInnen (an der Stelle ist das von mir nicht geliebte große I bewusst gewählt) auf, doch etwas zu zahlen, um auf BLÖD PLUS die Antwort auf diese Frage zu erfahren. Mutmaßlich jedenfalls. Vielleicht geht es auch nur ums Zahlen und dann wird ein „Ja" freigeschaltet. Über der Frage zu sehen sind Bilder, eines sieht auf den ersten Blick aus wie ein Nachkriegsbild aus den späten 1940ern, die Liebe liegt anscheinend in Trümmern und der Feminismus hatte auch schon am 2. Weltkrieg Schuld. Oder so. Auf den zweiten Blick sind es aber „nur" zwei Frauen, die in Overalls von ihrer Industriearbeit kommen – oder auch hingehen, aber das Bild wirkt eher wie Feierabend. Daneben noch eine Zeichnung einer Dame, die aussieht wie eine Haus- oder Reinemachfrau aus der

Werbung damaliger Zeiten, die aber ihren Bizeps zur Schau stellt statt des Putzlappens und/oder den allwissenden Meister Proper und ausgesprochen wenig devot oder auch nur verständnisvoll in die Augen der LeserInnen schaut.

Zwei Dinge sind interessant:

Erstens hatte ich nach der Betrachtung des ersten Bildes – was zugegeben nur wenige Sekunden, wenn überhaupt eine Sekunde, dauerte – im Gedächtnis behalten, die beiden Frauen (an die ich mich erinnerte) würden durch Schutt laufen. Daher die Kriegs-Assoziation, die ich nach der zweiten Betrachtung revidieren musste.

Zweitens läuft dieser „Artikel" in der BLÖD unter der Rubrik „Ratgeber". Was mich einigermaßen ratlos macht. Erfährt frau am Ende des Artikels dann doch, wie sie es mit dem Feminismus halten soll, um die Liebe nicht zu zerstören?

16. Februar 2016

Die Pressekonferenz ist beendet, zumindest die entscheidenden Informationen sind bekanntgegeben, verfolgt habe ich sie nicht, nur die Ergebnisse im Ticker nachgelesen: Nach wie vor ist von einer „furchtbaren Tragödie" die Rede, es werden Schweigeminuten noch und nöcher abgehalten – für die 11 Todesopfer des Zugunglücks von Bad Aibling.

Gestern wurden – ebenfalls auf einer Pressekonferenz, die ich ebenfalls nicht verfolgt habe – die aktuellen Statistiken zu Toten und Verletzten im Straßenverkehr in NRW bekanntgegeben. Ich habe im Vorfeld nur die Ankündigung der Pressekonferenz oder vielmehr Bekanntgabe gehört, hörte dann auch von Zahlen aus den Jahren zuvor, also vor 2015, als – wenn ich mich richtig erinnere – etwa 400 Menschen in NRW im Straßenverkehr ums Leben kamen. Offenbar sind Opfer von Autounfällen aber entweder nicht erwähnenswert oder nicht so tragisch wie diejenigen von Zug- oder Flugzeugunglücken. Ich kann mich jedenfalls nicht erinnern, dass es für diese Toten Gedenkminuten oder ähnliches gegeben habe, auch nicht daran, dass jemand den Straßenverkehr an und für sich als einzige große Tragödie bezeichnet hätte.

Und wieder stelle ich mir die Frage: Wo hört Banalität auf, wo beginnt Tragödie? Bei drei Toten? Bei fünf Toten? Bei zehn Toten?

17. Februar 2016

Heute hat in Köln ein Prozess gegen Raser begonnen, die sich in Köln im vergangenen Jahr ein illegales Autorennen geliefert und dabei eine 19-jährige Radfahrerin überfahren und getötet hatten. Es war purer Zufall, dass ich gestern Abend noch eine Dokumentation sah, die sich mit der Ermittler-Sondergruppe befasste, die sich in Köln seit letztem Jahr um Raser „kümmert", dabei wurde auch der Tod der 19-jährigen Radfahrerin thematisiert. An irgendeiner Stelle, sei es gestern in der Dokumentation oder heute in den Kurznachrichten, in denen der Prozessauftakt verkündet wurde, hieß es, der Täter würde maximal zu 5 Jahren Freiheitsstrafe verurteilt, das sei die Höchststrafe für fahrlässige Tötung. Ich bin erstaunt, denn ich frage mich, was an der Tötung fahrlässig gewesen sein soll, war sie nicht vielmehr vorsätzlich oder zumindest billigend in Kauf genommen, also in jedem Fall eine Stufe „über" fahrlässig, wenn man so will? Wenn jemand getötet wird, weil ich irgendwas Legales mache, aber schlicht unaufmerksam bin, mich beim Abbiegen etwa nicht weit genug nach hinten drehe und dadurch einen Radfahrer, der noch rechts an mir vorbei will und darf, übersehe und tödlich verletze, ist das nicht etwas anderes als wenn ich mich in mein (fiktives) Auto setze mit dem Vorsatz, so schnell wie möglich – ohne Rücksicht auf irgendwelche Verkehrsregeln – zu einem Punkt A zu gelangen oder aber schneller als mein Kontrahent eine Strecke von A nach B zurückzulegen? Im letzten Fall handele ich vorsätzlich rücksichtslos. Vorsätzliche Rücksichtslosigkeit sollte ein eigener Straftatbestand werden, dann hätten Fußgänger vielleicht endlich mal wieder Ruhe neben der Straße und in den Städten.

August

02. August 2016

Erstaunlich, dass es mir so schwerfällt, jeden Tag etwas zu notieren. ich muss mir ja nicht einmal etwas ausdenken, nur das aufschreiben, was gerade passiert ist. Vielleicht ist es auch gerade das, was es so schwer macht, wer weiß. Ich nehme einen neuen Anlauf.

Trump bestimmt die Nachrichten in Deutschland stärker, als es mir sinnvoll scheint. Was er zu Krim, Putin, zu Russlands Hack (oder auch Nicht-Hack) zu sagen hat, dass sogar die Simpsons aus der Sommerpause zurückgekehrt sind, um die Zuschauer davon abzuhalten, Trump zu wählen, in dem angeblich zumindest ihm unter anderem Hitlers „Große Reden" als Gute-Nacht-Lektüre auf das Schränkchen neben dem Bett gelegt werden – das alles erstaunt und überrascht mich. Nicht, dass es unwichtig wäre, wer der nächste Präsident der USA wird – weniger wegen der „Vormachtstellung in der Welt", die ist ja nur noch aus Sicht einiger US-Amerikaner vorhanden –, aber unbestreitbar wäre dort jemand Oberbefehlshaber über eine Menge Munition und auch über Menschen, die anscheinend geschworen haben, jeden noch so dämlichen Befehl auszuführen.

Aber dennoch: Es ist noch Monate hin bis zur Wahl und die Wahl kann man von hier aus dann ja doch nur verfolgen, nicht aber selbst an ihr teilnehmen. Wozu also das alles? Mir ist es unklar. Was passiert sonst noch: Erdogan dreht seit einigen Wochen völlig am Rad, jeden Tag gibt es neue Nachrichten, insbesondere bei der Tagesschau an durchaus exponierter

Stelle, was für einen Unfug er jetzt schon wieder von sich gegeben hat. Sei es, dass Westeuropa Terrorismus unterstütze oder dass es undemokratisch wäre, wenn er nicht zu den Demonstranten in Köln via Video-Schalte sprechen dürfe. Unfassbar. Ich hätte große Lust, das Demokratieverständnis zu testen, bekomme aber leider wohl keine 4000 oder 5000 oder am besten 20000 Menschen zusammen, die mit mir nach Istanbul reisen würden, um dort für Angela Merkel zu demonstrieren oder noch besser für Wowereit oder am liebsten eine lesbische Politikerin, nur fällt mir da gerade keine ein.

Ach ja: Und Vito Schnabel hat seinen Instagram-Account gelöscht! Das Ausrufezeichen stammt von der BUNTE, nicht von mir. Over and out.

03. August 2016

Noch bevor die Tagesschau am frühen Nachmittag zu berichten wusste, dass eine Maschine von Emirates eine „Bruchlandung hingelegt" habe – worüber immerhin in der Kommentar-Sektion eine Debatte darüber entbrannte, ob es sich dabei um angemessene Wortwahl handele – fand sie am Morgen noch viel wichtiger, dass ein Flashmob – initiiert von Deutschen, so ist zu lesen – in Spanien eine Massenpanik ausgelöst habe. Abgesehen davon, dass die Begriffe „Flashmob" und „Massenpanik" falsch verwendet werden (weder war es Erstes, es war einfach eine relativ kleine Gruppe, die grölend durch die Straßen rannte, und es brach auch keine Panik unter den nicht vorhandenen Menschenmassen aus, sondern diejenigen, die das sahen, rannten weg, einige andere, die nur Leute davonrennen sahen, rannten auch einfach mal davon – wie man das so macht in einer zivilisierten Gesellschaft voller Vernunft und Zivilcourage), also, abgesehen davon brach die vermeintliche Panik aus, weil die grölenden rennenden Nicht-Flashmobber mit Selfie Sticks „bewaffnet" waren – und, naja, weil sie halt grölten und rannten. Sofort wurde ein terroristischer Hintergrund vermutet. Schließlich sind Selfie Sticks die Massenvernichtungswaffen der 2010er Jahre – nur dass sie in der Regel deren Träger töten, nicht andere.

Am späten Abend dann meinte der Kommentator des Fußballspiels der Frauen (Deutschland gegen Simbabwe) – ja, die Olympischen Spiele in Brasilien haben begonnen, obwohl die Eröffnung erst Freitag ist –, dass das Spiel der Deutschen „rechtslastig" sei. Wörtliches Zitat.

So langsam erinnere ich mich wieder, warum es mir so schwerfällt, jeden Tag etwas zu notieren.

04. August 2016

Es wird über einen Rückzug Donald Trumps gemutmaßt, die Tagesschau bezeichnet ihn nun offiziell als „Rechtspopulisten" und ergänzt, „Trump" wäre eine „neue physikalische Größe für den kleinsten Abstand zwischen zwei Fettnäpfchen". Bin ich eigentlich die Einzige, die sich angesichts der Berichterstattung fragt: Who profits?

Der Präsident Österreichs schließt eine EU-Mitgliedschaft der Türkei gleich für die nächsten Jahrzehnte aus, derweil soll es angeblich ein von Erdogan und/oder der AKP organisiertes oder zumindest gefördertes Denunziantentum in der Türkei geben. Aber nicht nur in der Türkei, auch in Deutschland sollen Türken – oder solche, die von Anhängern Erdogans dafür gehalten werden – zumindest verfolgt und bedroht werden, wenn sie eine andere politische oder allgemein weltanschauliche Position zu vertreten scheinen als die Anhänger Erdogans oder der AKP.

Petra Hinz ist abgetaucht (wer wird wohl beim Lesen dieser Zeilen überhaupt wissen, wer sie ist?), Flüchtlingshilfe wird professioneller, sagte die Bertelsmann Stiftung, die dazu eine Studie vorgelegt hat, die sicher nicht von ehrenamtlichen Helfern durchgeführt wurde. Und wie schön, dass die Bertelsmann-Stiftung unter „professionell" versteht, dass etwas gut organisiert ist – keineswegs aber als Beruf ausgeübt wird, was dem Wortsinn eigentlich entsprechen würde.

Eine gute Nachricht immerhin: Die kanadische Regierung hat eine Untersuchungskommission eingesetzt, die das Verschwinden „indigener Frauen", so titelt die Tagesschau, aufklären soll. Im Bericht heißt es immerhin „first nation women". Das wird die Kommission höchstwahrscheinlich nicht schaffen, aber vielleicht könnte sie klären, warum bislang niemand an der Aufklärung interessiert war. Alle, die nicht wissen, wovon hier die Rede ist, mögen „Highway of Tears" nachschlagen, wenngleich dies nur ein Bruchteil des großen Ganzen ist, womit die Kommission sich beschäftigen muss. Es ist nicht einmal bekannt, wie viele „first nation women" überhaupt verschwunden sind und/oder ermordet wurden – die Zahlen schwanken von hundert bis zu tausend oder gar mehr.

05. August 2016

Eine Meldung, die eigentlich schon von gestern ist, mir aber erst heute auffiel: Hermes testet Lieferroboter in Hamburg. Die putzigen kleinen Wagen sollen Pakete, die bis zu 10 kg wiegen, von einem Hermes Paket-Shop zum Empfänger fahren, in Schrittgeschwindigkeit und auf dem Bürgersteig, heißt es, dabei sollen sie Fußgängern und Kinderwagen ausweichen können. Hunde offenbar – ebenso wie Rollstuhlfahrern – nicht. Unterhalb des Artikels, den man übrigens beim NDR findet, wird auf einen weiteren Artikel aufmerksam gemacht, Titel: „Amazon stellt neue Liefer-Drohne vor". Interessant ist daran das (vermeintliche? tatsächliche?) Datum, an dem der Artikel geschrieben und/oder veröffentlicht worden sein soll: 30.11.2016. Mal schauen, was Amazon am 30. November dieses Jahres vorstellen wird.

Derweil titelt die Tagesschau-Seite am frühen Abend: „Attentäter bekamen Beratung aus Saudi-Arabien". Gemeint ist der Herr, der in Würzburg mit einer Axt durch einen Zug gewütet ist, nebst des Herrn, der in Ansbach als einziger mitsamt seinem Sprengsatz explodiert ist. Interessante, um nicht zu sagen lustige, Idee: So wie Firmen „Unternehmensberatern" Geld dafür in den Rachen werfen, dass sie besser in ihre Mitarbeiter investieren könnten, nehmen sich potentielle Attentäter jetzt auch Berater:

"More than bombs – terror consultants"

"BYLA – Blow your life away. We make killing so much easier"

06. August 2016

Ich betrachte diesen Tag rückblickend, also mit einem Tag Verspätung, und mir fällt kein Ereignis ein, dass „den Tag" (sprich: die Schlagzeilen der „gängigen" Medien) oder aber zumindest „meinen Tag" (sprich: etwas, was mir unmittelbar auffiel oder mich unmittelbar berührte oder aber aus anderen

Gründen den Weg über mein Kurzzeit- in mein Langzeitgedächtnis gefunden hätte) bestimmt hätte. Denke ich etwas genauer darüber nach, so habe ich auch in den wenigen Tageszeitungen, die ich las, keine wirklich neuen Dinge gelesen, sondern eher alte Hüte.

In der Financial Times Deutschland zum Beispiel gab es eine ausführlichere Betrachtung von Hillary Clinton anno 1991, als sich ihr Mann im Wahlkampf befand. Ich fand darin wenig Erhellendes, hatte aber durchaus zu der Zeitung gegriffen, da ich mehr Erhellendes erhofft hatte.

In der taz beeindruckte mich ein Bericht – „Bericht" greift hier viel zu kurz: eine Geschichte, die die Ereignisse einer dänischen Familie erzählten. Die Eltern hatten sich irgendwann getrennt und der Vater hatte seine beiden Töchter im Jahr 2011 in der Nähe von Berlin im Auto verbrannt. Oder das Auto mit den Kindern verbrannt, wobei ich es umgekehrt für angemessener halte. Eine sehr gut geschriebene Geschichte, offenbar im Original auf Englisch, aber auch sehr gut übersetzt. Eine Seltenheit. Der Mann wurde zu lebenslanger Haft verurteilt, hält das alles irgendwie für einen Unfall, für etwas, was furchtbar schiefgelaufen ist, und ich fürchte, er hat Recht. Es gibt diesen Punkt, an dem man – allgemein gesagt – handelt, an dem man selbst weiß, dass das eigene Handeln ins Verderben führt, dass es Unsinn ist, falsch, aber es scheint, als habe sich die Handlung an der Stelle verselbstständigt, man kann sie nicht abbrechen und man sieht sich selbst ein wenig von außen dabei zu, wie man etwas Dummes, etwas Falsches, etwas Unsinniges, etwas Schreckliches tut. Allerdings sind mir diese Momente vor allem dann bekannt, wenn man spontan handelt, wenn man nicht nachdenkt, eine Mischung aus Aktionismus und bloßem Reagieren sich in Bewegung setzt und das

Ergebnis eingetreten ist, ehe man überhaupt Zeit hat, darüber nachzudenken, sein Handeln zu reflektieren. Wenn man beispielsweise – um etwas ganz Banales zu nennen – in seinen Kaffee Salz statt Zucker streut, in dem Moment, in dem man den Löffel über die Tasse erhebt, eigentlich schon weiß, dass da etwas nicht stimmt, dass man gerade Unsinn macht, aber es eben nicht mehr abbrechen, nicht mehr korrigieren kann. Ich persönlich kenne dies nicht in solchen Fällen, in denen man quasi eine Handlung für sich beschlossen hat, aber bis zur endgültigen Ausführung dann noch Minuten oder gar Stunden vergehen, in denen man das Handeln hinterfragen und abbrechen könnte. Und doch kann ich nachvollziehen, dass es auch hier einen point of no return gibt. Einen Punkt, an dem der Startabbruch nicht mehr möglich ist – zumindest nicht, ohne Schaden anzurichten.

Das alles dient keineswegs der Rechtfertigung oder gar Entschuldigung dieses Mannes. Der wiederum berichtet, er hätte sich selbst auch im Auto verbrennen wollen, zusammen mit den Kindern. Im Gegensatz zu den Kindern – denen er Schlaftabletten verabreicht hatte und die deshalb auch wahrscheinlich die ganze Zeit bewusstlos blieben – war er bei Bewusstsein und er hat, so berichtet er, die Hitze nicht aushalten können, hätte sich dann aus dem Auto fallen lassen. Dass er sich gleichfalls umbringen wollte, ist konsistent und „üblich". Auch dass er dafür zu feige war. Und schließlich auch, dass er sich offenbar keine Gedanken darüber gemacht hat, was er bei anderen, insbesondere bei der Mutter der Kinder, auslösen könnte. Dinge aus der Perspektive anderer zu sehen, ist generell eine Fähigkeit, über die nicht viele verfügen, aber bei jemandem, der so sehr nur um sich selbst kreist, dass er seine eigenen Kinder tötet, damit – und dass ist jetzt eher meine Interpretation, als dass es in der Geschichte so formuliert gewesen wäre – sie niemand anderem mehr gehören können, so jemandem ist Empathie vollkommen fremd, behaupte ich.

Die Mutter versucht, mit dem Tod der Kinder zu leben, hat vieles gesagt, was mir schon so oft bei anderen Geschichten durch den Kopf gegangen sind und was ich auch aufgeschrieben habe. Dass sie sich vor dem Moment fürchtet, an dem die Erinnerungen an ihre Kinder nicht nur verblassen, sondern sie sich gar nicht mehr „aus sich heraus" erinnern kann. Dass sie nur noch als „die Mutter von …" definiert wird – und andererseits eben nicht mehr als Mutter. Dass sie sozusagen – und dies ist wiederum meine Formulierung – nur noch als Nicht-Mutter definiert wird. Als frühere Mutter. Es war einmal.

Sie fragt sich, was andere denken, was sie machen „darf", ohne dass andere schlecht über sie denken, und dies sagt so viel darüber aus, wie wir, wie Einzelne, wie Gesellschaften mit Menschen umgehen, die trauern, die mit einem Ereignis leben müssen, von dem andere immer nur hoffen, dass es ihnen selbst nie widerfahren wird. Genau so gehen wir in der Regel damit um: Es wird geguckt, zugeschaut, es gibt die nachvollziehbare Erleichterung darüber, dass einem selbst dies nicht widerfahren ist, sicher auch gemischt mit ehrlicher Anteilnahme, die aber eher im Stillen vor sich geht. Begegnet jemand jemandem wie „der Mutter von …", so wechseln viele eher die Straßenseite. Schaffen sie dies nicht rechtzeitig, flüchten sie sich in Floskeln und Small Talk über Wetter und nutzen die erste Gelegenheit oder Ausrede, um rasch weiterzumüssen.

Menschen wie „die Mutter von …" müssen nicht nur damit leben, dass alle meinen, sie zu kennen, dass alle sie nur über dieses eine Ereignis oder über diejenigen, die sie verloren hat, definieren, nein, sie müssen sich auch noch zumindest vor sich selbst – denken sie, fühlen sie – rechtfertigen, wenn sie beispielsweise laute Musik hören beim Sport, wenn sie mal lachen. Ein ständiges „Darf ich das überhaupt?" schwebt darüber, und niemand geht einmal hin und sagt, dass sie natürlich alles „dürfen", was andere auch „dürfen". Und noch viel seltener geht jemand hin, um nur zuzuhören.

07. August 2016

In Saarbrücken hat sich jemand in einem Restaurant verschanzt. Terror? In Belgien wurden zwei Polizistinnen von einem Mann mit einer Machete angegriffen und verletzt. Terror!

In Mazedonien sind 15 Menschen durch Unwetter umgekommen. Terror?

Statistisch gesehen sind heute neun oder zehn Menschen im Straßenverkehr in Deutschland ums Leben gekommen oder werden in den verbleibenden neun Stunden noch im Straßenverkehr in Deutschland sterben. Terror!

08. August 2016

Ich bin unterwegs in Deutschland. Im Hotel bin ich Ausländern begegnet, die mit der Funktionsweise des Aufzugs nicht zurechtkamen. Es waren gebürtige Franken.

Auch wenn es eigentlich keine Notiz ist, die an diese Stelle passt: Das ist meiner Erinnerung nach das einzige Mal, dass ich das Wort „Ausländer" überhaupt benutzt habe, abgesehen von den Gesprächen, in denen ich anderen versucht habe klarzumachen, warum ich das Wort „Ausländer" nicht benutze, und dann bei der Verwendung immer in die Luft gemalte Anführungszeichen ergänzt habe.

Zurück zum Tag. Die Financial Times Deutschland hatte heute irgendwas zu Trump auf dem Titel, das Handelsblatt irgendwas zu Merkel – vor allem ein sehr großes Foto von ihr, die Frankfurter Allgemeine Zeitung bebildert die Titelseite mit einem Foto, auf dem zwei Hände, eine Maschinenpistole, so was wie dunkelblaue Polizeiuniform und darauf ein Sticker "United we stand" zu sehen sind, versehen mit dem Datum 22. März 2016. Ich frage mich, in welche Richtung die FAZ sich entwickelt, da nun nicht nur überhaupt Fotos auf der Titelseite normal sind (ich erinnere mich noch an den Aufschrei, als beschlossen worden war, auch Bilder auf der Titelseite abzudrucken). Es geht sozusagen in Richtung des Gegenteils von BILDfreiheit, was auch immer das sein mag.

Im Laufe des Tages kam in irgendeiner Nachrichtensendung die Meldung, dass eine Steuerreform in Deutschland geplant sei. Ich habe erst nur die Schlagzeile mitbekommen, da ich den Ton ausgeschaltet hatte, und schaltete den Ton gerade wieder ein, als der Nachrichtensprecher den letzten Satz zu dieser Meldung verlas: „Entlastet werden sollen Normalverdiener und Familien." Heißt das, dass normalverdienende Familien doppelt entlastet werden? Und was ist überhaupt eine Familie? Mutter und Kind? Mann und Frau und zwei Kinder? Frau und Frau und ungeborenes Kind? Eltern, deren Kind gestorben ist?

Jetzt, am Abend, titelt die Tagesschau, dass Donald Trump eine große Steuerreform – Trump soll es „größte

Steuerrevolution" genannt haben – angekündigt habe. Wer hat da nur von wem abgeschrieben?

14. August 2016

Wenige Zeilen zu notieren, nimmt mehr Zeit in Anspruch als das Notieren selbst. So kam es, dass ich in den letzten Tagen, an denen ich überwiegend von morgens bis abends mit völlig anderen Dingen beschäftigt war als dem Aufschreiben oder Schreiben von was auch immer, auch keine tageweisen Notizen angefertigt habe. Rückblickend gab es auch deshalb nicht viel, was ich hätte notieren wollen, weil ich kaum etwas vom Tagesgeschehen aufgenommen habe. Ob das nun ein Verlust oder eher Gewinn für mich war, sei dahingestellt.

Zwei Dinge möchte ich nun heute, mit dem Blick zurück, notieren, die mir doch erwähnenswert erscheinen.

Erstens:

Ein Mann aus China sei aus Versehen in einem Flüchtlingsheim gelandet, heißt es. Das habe sich so abgespielt, dass er als Tourist in Europa und nun eben auch in Deutschland unterwegs gewesen sei, sein Pass wäre dann gestohlen worden, habe er gesagt, und dies habe er anzeigen wollen. Da er kein Englisch und die Polizei kein Chinesisch spreche, habe man ihn schließlich für einen Asylbewerber gehalten, ihn das entsprechende Formular unterschreiben lassen und schon sei er in einem Flüchtlingsheim gelandet. So weit, so skurril.

Ein oder zwei Tage später hieß es dann er sei doch kein Tourist gewesen und man versuche ihn nun zu finden, aber bislang ohne Erfolg, Angeblich habe er nach Frankreich weiterreisen wollen, doch verliert sich seine Spur wohl recht schnell. So weit, so absurd.

Dann wurde mir zugetragen, es werde in chinesischen Netzwerken diskutiert, dass es einen Zusammenhang gebe zu zwei Chinesen, die vor wenigen Wochen bei der Besichtigung des Schlosses Neuschwanstein abhandengekommen sind. Die Reisegruppe hat damals die Europatour ohne die beiden fortgesetzt. Das Paar habe, so die Mutmaßung, die auch ich für plausibel halte, die Gelegenheit genutzt, um unterzutauchen, oder weniger konspirativ ausgedrückt aus China dauerhaft auszureisen.

Ob es einen Zusammenhang gibt oder nicht, wird sich möglicherweise noch zeigen, auch wenn jetzt schon klar ist, dass die zugehörigen Nachrichten es wohl nicht auf den Titel schaffen werden.

Zweitens:

Die Tagesschau meldete, es gebe Menschen, die in den letzten Monaten oder auch schon vor den letzten Monaten nach Deutschland gekommen wären, in der Hoffnung, hier ein neues, besseres Leben aufbauen zu können als in dem Land, aus dem sie kamen, deren Hoffnungen sich jedoch nicht erfüllten. Als sie dies realisierten – ich kann nur bestätigen, dass Deutschland kein gutes Land ist, wenn man „einfach was machen will" in seinem Leben –, haben sie wieder ausreisen wollen, jedoch wären die Pässe nicht nur in Einzelfällen, sondern eher in großen Mengen nicht auffindbar.

Abhandengekommen auf dem Weg von einer Außenstelle des Bundesamts für Migration und Flüchtlinge zur anderen.

Auch das klingt in einem bürokratischen Land wie Deutschland absurd (insbesondere möge man sich vorstellen, was passiert, wenn man seinerseits Unterlagen, die eine Behörde von einem verlangt, nicht vorlegen kann – viele werden es auch aus Erfahrung wissen). Vor allem aber löste es bei mir – nicht zum ersten Mal – den Gedanken aus, wie lächerlich wichtig ein Pass auf diesem Planeten ist. Ohne Pass existiert man schon fast nicht, geschweige denn, dass man sich von A nach B bewegen könnte. Das sagt, finde ich, viel. Nur nichts Gutes.

Damit zurück zum heutigen Tage, das heißt – fast. Mit einem Blick in die heutigen Nachrichten erinnerte ich mich, auch gestern schon gelesen zu haben, dass in Cannes das Tragen von „Burkinis" am Strand verboten wird. Wenn ich mich recht erinnere, ab dem kommenden Monat. Darüber berichtete dann auch die Financial Times in ihrer Wochenendausgabe. Wie zu erwarten war, entbrannten in den „Ich will auch mal was sagen"-Sektionen zu den entsprechenden Meldungen gleich Diskussionen. Die Positionen waren erstaunlich weit gestreut, soweit ich die Kommentare durchgelesen habe, von „Wird ja auch Zeit" bis zu „Eingriff in die Privatsphäre".

Die Fraktion, die für das Verbot von Burkinis und generell auch von Burkas ist, kommt dann ganz schnell mit dem Argument, dass man ja nicht sehen könne, was darunter getragen wird. Könnte ja auch ein Sprengstoffgürtel sein. Klar, den kann man ja auch zum Beispiel unter einer Jacke oder einem Mantel nicht ragen, dafür braucht man – pardon: frau – schon eine Burka.

Mal abgesehen davon, dass ich Kleidervorschriften in jedweder Richtung tatsächlich für mehr als bedenklich halte (werde ich dann zukünftig gezwungen, am Strand von Cannes einen Bikini zu tragen, wenn ich mich eigentlich nur ganz bekleidet vor der Sonne geschützt dort hinsetzen will, um aufs Meer zu schauen?), liegt diesen „Argumenten" ja mal wieder der übliche Trugschluss zugrunde, dass es nur das gibt, was man sieht, und dass man vom Äußeren aufs Innere schließen kann. Wenn ich jemanden quasi „unverkleidet" sehe, weiß ich, wie er oder sie denkt, was in ihm oder ihr vorgeht. Sicher.

Was würden diese Menschen eigentlich tun, wenn sie erblinden? Nichts mehr sehen zu können, würde dann heißen, dass man nichts mehr weiß, oder? Schon blöd, wenn man die Augen mit dem Gehirn verwechselt.

In der Schweiz ist gestern übrigens ein Mann mit einem – so die Schweizer Behörden – „urschweizer Namen" durch einen Regionalzug gerannt und hat die Reisenden mit einem Messer und einer brennbaren Flüssigkeit nebst einem Gerät zur Entzündung derselben angegriffen. Den ersten Terror-Rufen, die ja inzwischen wohlkonditioniert folgen, trat man dann mit der Information zum Namen des mutmaßlichen Täters entgegen und ergänzte, er sei auch in der Schweiz gemeldet gewesen.

Eine der Reisenden, die verletzt wurden, starb heute, ebenso der Täter.

21. August 2016

Auch hier gilt der erste Satz, den ich am 14. August notiert habe. Dass sowohl der 14. als auch der 21. August Sonntage sind bzw. waren, scheint aus meiner Sicht eher ein Zufall zu sein, es ist subjektiv nicht unbedingt so, als hätte ich an

Sonntagen mehr Zeit, allerdings ist es durchaus so, dass man an Sonntagen sowohl beruflich als auch privat als scheinbar unerreichbar in kommunikativer Hinsicht gilt und daher nicht an den virtuellen Ärmeln gezupft wird. Erst vor kurzem habe ich beschlossen, mich dem sonst herrschenden Erreichbarkeits-Overkill zu entziehen. Note to self: Mal sehen, was ich in einigen Wochen oder Monaten rückblickend dazu sage oder schreibe.

Was in der vergangenen Woche passiert ist: Auch in Deutschland wird über ein Burka-Verbot diskutiert, das es in Frankreich schon längst gibt und sozusagen der Wegbereiter für das jetzt neue Burkini-Verbot war. Ich habe mich an irgendeinem Tag der Woche gefragt, ob man als nächstes nicht konsequenterweise blinde Menschen per Gesetz zwingen müsste, wieder zu sehen.

Omran ist gefilmt worden, aus dem Video wurde ein Foto entnommen und jetzt ist er der Poster Boy von Aleppo. Sein Bruder ist gestorben, berichtet just heute die Tagesschau, während die FTD darauf aufmerksam machte, dass das Foto in Russland in den Medien gar nicht zu sehen gewesen sei. Dafür ein Bericht über eine Russin, die zwei syrische Kinder bei eben diesem Bombenangriff in Aleppo gerettet habe. Erst jetzt schaue ich mir die Nachrichten zu alldem genauer an und offenbar war ein "main aspect" die Meldung, dass Russland für den Bombenangriff, bei bzw. nach dem dann das Foto von Omran entstanden sein soll, verantwortlich gewesen ist. Russland bestreitet das.

Keiner weiß wirklich, wo das Foto von Omran aufgenommen wurde oder wann, außer dem Fotografen selbst, der zum „Aleppo Media Center (AMC)" gehören soll oder sich selbst dazu zählt und von dem sowohl die Angabe zum Datum (18. August 2016) als auch zum Ort (Aleppo) der Aufnahme stammt.

Der Filmende bzw. Fotograf geriet in den letzten Tagen dadurch in Misskredit, dass auf seiner Facebook-Seite Fotos entdeckt worden waren, auf denen er mit zwei Kämpfern posiert, die an einer Enthauptung beteiligt gewesen sein sollen – welche gefilmt wurde. Assad oder wohl eher seine Sprecher behaupten nun auch, der Fotograf – sein Name ist übrigens Mahmud Raslan – solle derjenige gewesen sein, der die Enthauptung gefilmt habe.

In jedem Fall gibt es Fotos, auf denen der Fotograf zu sehen ist, die nicht gerade untermauern, dass er ein ernsthafter Fotograf ist, der das Thema „Krieg" nicht zum Lachen findet – genau das macht er nämlich, während er vor Trümmern, Kämpfern oder sonst was oder wem posiert. Und diese Fotos kann man nun für genauso echt oder falsch halten wie das Foto des Jungen, der mit Staub überzogen ist, dessen linke Gesichtshälfte blutverschmiert zu sein scheint, der auf einem viel zu großen Plastikstuhl sitzt in Shorts und T-Shirt und 1000 Yards nach vorne schaut.

In dem Spiel um Wahrheit und Lüge gibt es nur einen Verlierer: den Jungen. Egal, wie er heißt.

Themenwechsel.

Was ich über die Olympiade und/oder Brasilien gelernt habe:

Nicht alle Gewinner einer Goldmedaille wollen während der Zeremonie stillstehen. Das finden viele, die dabei zuschauen, nicht gut.

Der Kommentator, der das Finale im Fußball der Männer versucht hat für das Erste zu kommentieren, findet den

„Goldenen Schuss" ganz toll, so toll, dass er ihn noch mehrmals wiederholt. Im Gegensatz zu allen, die ihn sich jemals gesetzt haben.

Was nicht nur ich schon vor der Olympiade wusste, aber dennoch als Nachricht vermarktet wurde: dass die Menschen in Brasilien irgendwie andere Probleme haben, als sich zwischen verschiedenen Ticket-Optionen entscheiden zu müssen. Dass man als Angehöriger der deutschen Staatsbürgerschaft auch dann Medaillen gewinnt, wenn man in seinem ganzen Leben noch nicht Sport geschaut, geschweige denn gemacht hat. „Wir haben x Goldmedaillen" avanciert auch in diesem Jahr wieder zu einem Anwärter auf Platz 1 der dämlichsten Sätze von Sportkommentatoren und -moderatoren. Wenn der Urheber sich nicht noch vor der imaginären Preisverleihung einen Goldenen Schuss setzt.

22. August 2016

Seit zwei Tagen ein Thema: Vorratshaltung. Genauer gesagt: Wie viele Vorräte soll man für den Katastrophenfall im Hause haben? Angeblich würde das zuständige Bundesamt (dessen Namen ich nicht mehr weiß und jetzt auch nicht nachschlagen will) gerade eine aktualisierte Art von „Ratgeber" für solche Fälle herausgeben und darin fände sich der ausdrückliche Hinweis darauf, dass man für den Notfall Vorräte anlegen solle. Besonders bizarr fand ich (bislang aber auch nur ich), die Vorgaben oder Vorschläge: Essen für 10 Tage, Wasser für 5 Tage. Ist klar. In dem Fall bleibt dann wohl einiges an Essen übrig, weil man ja eh verdurstet ist, bevor man es essen könnte. Wer hat sich diesen Schwachsinn ausgedacht? Und überhaupt: Werden nicht alle immer fetter? Ist nicht Adipositas die neue Volkskrankheit, mitsamt den Folgeerkrankungen des Herz-Kreislauf-Systems? Von Gelenken ganz zu schweigen? Also wäre ein Katastrophenfall doch eine tolle Gelegenheit, um das Problem der Wohlstandsgesellschaft in den Griff zu kriegen: Keine Essensvorräte anlegen, dafür Wasser für zehn Tage. Dann noch ein bundesweiter Stromausfall und fertig ist die Zehn-Tage-Diät. Die richtig schweren Fälle (unabsichtlicher Kalauer, sorry) werden auch nach zehn Tagen noch nicht fettfrei sein, aber es wäre doch schon mal ein Anfang.

23. August 2016

Henning Voscherau und Walter Scheel sind heute gestorben, als die Meldungen aufpoppten – push ist bei Tagesschau noch aktiviert –, dachte ich spontan: „Die sterben heute ja wie die Fliegen." und musste ebenfalls spontan an den Eintrag von gestern denken. Ich warte auf die Titelseite der Bild-Zeitung vom morgigen Tag: Der Sommer hat uns unsere Besten genommen!

Dazu wird es aber wahrscheinlich nicht kommen, denn heute Morgen – noch vor den beiden Todesfällen – gab es die Nachricht von einem Erdbeben in Italien, das heute Morgen noch vergleichsweise als Nebensache gemeldet wurde, nun aber – vermutlich vor allem aufgrund der Anzahl der Toten, inzwischen werden 70 gemeldet, heute Früh waren es noch drei – die Schlagzeilen bestimmt. Und die BLÖD stellt auch gleich die wichtigen Fragen, ganz oben und fett gesetzt: „Kann uns auch so ein Erdbeben treffen?"

An der Stelle denke ich wiederum unwillkürlich an eine Sammlung von Witzen, für deren „Verständnis" – also um über sie lachen zu können – man angeblich oder tatsächlich Hintergrundwissen auf der „Nerd-Ebene" benötigt. Am besten fand ich diesen: „Was passiert, wenn man einen Witz und eine rhetorische Frage kreuzt?"

25. August 2016

Das Erdbeben in Italien ist die Top-Meldung in den deutschen Medien. Und noch immer frage ich mich – ohne die betroffenen Menschen beleidigen oder verletzten zu wollen – ab welcher Anzahl Toter dies so ist. Es ist eine ernst gemeinte Frage. Wäre bei dem Erdbeben niemand ums Leben gekommen, wäre es vermutlich schon gestern, an dem Tag, als es passierte, keine Top-Meldung gewesen. Wären zwei Menschen gestorben, wäre es sicher heute keine Top-Meldung mehr. Für mich bleibt es ein Mysterium, welche Kriterien da im Hintergrund angelegt werden.

26. August 2016

Das höchste Verwaltungsgericht Frankreichs hat heute das so genannte „Burkini-Verbot" gekippt. Eine Meldung der Tagesschau dazu zeigte Aufnahmen von zwei Frauen, die einen Burkini tragen und im Meer plantschen, im Vordergrund am Strand sieht man von hinten übergewichtige Westeuropäer in Badehose und Bikini. Dazu die Stimme aus dem Off: „An diesen Anblick werden die Menschen in (hier kam der Ortsname) sich gewöhnen müssen." Da hier keineswegs klar ist, welcher grässliche Anblick das sein solle, wird hinterhergeschoben, dass die beiden mit so wahnsinnig viel Stoff bekleideten Damen gemeint sind. Bin ich eigentlich die

Einzige, die – sollte tatsächlich das Kippen des Verbots wiederum gekippt werden und das Tragen von Burkinis verboten werden, um „öffentlichen Aufruhr" zu vermeiden – dasselbe Verbot dann auch für besagte übergewichtige Menschen fordern würde? Warum ist das „gut", was wir „gewohnt sind" zu sehen? Und wer hat uns eigentlich daran gewöhnt? Frauen, die „mehr Haut zeigen" scheinen besser zu sein als solche, die „keine Haut" zeigen. Warum? Und warum gibt es – so hat es den Anschein – wie so oft nur zwei Extreme, warum gibt es überhaupt derartige Normen, die vermeintlich gesellschaftliche sind und doch zutiefst in das persönliche Leben eingreifen? Und – nicht zuletzt – warum habe ich den Eindruck, dass diese „Kleidungsnormen" in erster Linie für Frauen gelten? In Gedanken mache ich, viel später, als ich diese Aufzeichnung nochmals lese, den Sprung (ist es wirklich ein Sprung?) zu einem anderen Thema, das mich schon lange sehr beschäftigt: Früher eher „häusliche Gewalt" oder „Beziehungsdrama" genannt, heute immer öfter Femizid. Zu diesem Thema aber mehr an anderer Stelle.

Die Bundesliga beginnt wieder. Also, die erste. Die zweite läuft schon längst, scheint aber nicht als „die" Bundesliga zu gelten. Die Bundesliga beginnt so spät im Jahr wie seit 44 Jahren nicht, merkt der Kommentator an. Aber zum Glück sei man ja dank Olympia und Fußball-Europameisterschaft einigermaßen über den Sommer gekommen. Wirklich, was sollte man nur tun, wenn es nur noch Brot und keine Spiele mehr gäbe?

27. August 2016

Die Bundesliga hat wieder begonnen. Ja, eigentlich schon gestern, aber nach dem Auftaktspiel war heute der erste

„normale" Spieltag und bei der BLÖD füllen Ergebnisse, Fotos, Meldungen gleich mal gefühlt die halbe Startseite des Internetauftritts.

In Moskau sind 17 Frauen aus Kirgistan bei einem Feuer in einer Druckerei ums Leben gekommen, möglicherweise, so ist bei der Tagesschau zu lesen, seien sie illegal Beschäftigte gewesen. Die Nachricht rangiert weit unten, weit unterhalb der türkischen Offensive in Syrien, der Trauerfeier in Italien und auch noch unter der Forderung, dass das Heilpraktikergesetz in Deutschland reformiert werden müsse.

Im Hinblick auf die Wahlen in den USA fragte die International New York Times heute, wie eigentlich Arbeiter dazu kommen, Trump zu wählen, während die Tagesschau, allerdings erst kurz vor Ende des Tages, Hillary in Bedrängnis sieht. Sie wäre bestechlich gewesen, über Spenden an die Clinton-Stiftung hätte man zu der Zeit, als Clinton, also Hillary, Außenministerin gewesen war, auf sie Einfluss nehmen können, behaupten zumindest ihre Gegner, und legen E-Mails vor, aus denen hervorgeht, dass solche Spender zumindest schnell einen Termin bei Hillary bekommen, wie beispielsweise ein Herr – ich glaube Kronprinz – aus Bahrain.

28. August 2016

Die BLÖD fragt anlässlich des am Abend im Ersten ausgestrahlten „Sommerinterviews" mit Angela Merkel, warum die Kanzlerin es so spannend machen würde. Man muss dann schon ins Kleingedruckte schauen, um herauszufinden, was die BLÖD für spannend hält: dass sich Frau Merkel jetzt noch nicht dazu äußern will, ob sie 2017 wieder als

Kanzlerkandidatin antritt oder nicht. Ich frage mich, wie langweilig das Leben des Redakteurs sein muss, dass er das schon für spannend hält.

29. August 2016

Datum notiert, aber sonst nichts. Hm.

Oktober

11. Oktober 2016

Eine längere Pause. Nicht, dass es in der Zeit nichts gegeben hätte, was sich nicht zu notieren lohnen würde bzw. gelohnt hätte. Erst recht ist es nicht so, als hätte sich nichts ereignet. Aber selbst das vermeintlich kurze Notieren weniger Sätze nimmt alles in allem mehr Raum und Zeit in Anspruch, als viele – mich selbst eingeschlossen – für möglich halten würden.

Damit zurück zum heutigen Tage. Auf dem Europacenter in Berlin sind Flammen zu sehen, vergleichsweise winzige Flammen angesichts dieses großen Gebäudes. Die Feuerwehr habe, so steht es in den Nachrichten, die Brandstufe 6 ausgerufen.

Auf Twitter sieht es hingegen ganz anders aus. Mehrere kommentieren, es würde ja nur noch ein Flugzeug fehlen, einige beschränken nicht auf den Hashtag #9/11 zu einem Foto, und wieder andere meinen, dass es brennt, würde ja zur Lage (welcher auch immer) passen, und Merkel sei nun gerade in Afrika und würde die letzten Steuergelder verschwenden. Ich glaube nicht, dass ich zu Lebzeiten den Punkt erreichen werde, an dem mich solch ein geballter Schwachsinn nicht unglaublich wütend macht. Nach wie vor – ich glaube, ich erwähnte es auch hier schon – wünsche ich mir nichts mehr, als dass die Menschen, die diese hirnrissigen Kommentare aus ihrer Wohlstandsbehausung mit Heizung und immer etwas zu essen im Kühlschrank abgeben, direkt nach dem Twittern ihres un-geistigen Mülls an den Ort verfrachtet werden, an dem sie anscheinend eine Vorstufe des Paradieses – aufgebaut von ihren 2,50 Euro Steuern – vermuten, in diesem Fall also in den Niger. Viel Spaß dort. Ich würde mich dann darauf beschränken Wetten anzunehmen, wie lange diese überlebensunfähigen Kreaturen brauchen, um tot umzufallen. Manche vielleicht schon, wenn sie vergeblich einen Supermarkt suchen, in dem es Haribo und ja! Chips gibt.

Ich möchte aber nicht unerwähnt lassen, dass die witzigeren „Twitter-Kommentatoren" die Vermutung anstellen, es habe jemand ein Samsung Galaxy 7 auf dem Dach des Europacenters liegenlassen.

Apropos: Die Produktion des Samsung Galaxy wurde heute gestoppt, die bereits ausgelieferten Modelle wurden zurückgerufen. In letzter Zeit ist so ein Ding gerne mal spontan in Flammen aufgegangen (früher wurde so was als Indiz für Besessenheit aufgefasst – vielleicht wird nun auch die Kirche in Zukunft bei spontaner Entzündung von Personen vermuten, dass sie einfach das falsche Handy bei sich hatten) und einige Airlines haben daraufhin untersagt, das Samsung Galaxy 7 an Bord überhaupt einzuschalten.

Dann war da noch in den letzten Wochen die Sache mit dem US-Wahlkampf und insbesondere die ersten beiden Debatten der Kandidaten, eine dritte folgt noch am 20. Oktober. Zu diesem Thema schreibe ich ausführlicher in „Run for the White House – a personal view", daher an dieser Stelle nicht mehr dazu.

12. Oktober 2016

Das Spätsommertheater in Deutschland war in den letzten Wochen unter anderem geprägt von der Frage, wer die

Nachfolge von Joachim Gauck als Bundespräsident antreten werde, der im kommenden Jahr nicht mehr für eine weitere Periode im Amt des Bundespräsidenten zu Verfügung steht.

Heute Vormittag verlautbarte dann aus anscheinend medioker informierten Kreisen, dass Siegmar Gabriel sich Margot Käßmann als Nachfolgerin – und das heißt als gemeinsame Kandidatin der großen Koalition – vorstellen, um nicht zu sagen wünschen würde. Nur wenige Stunden später reagierte Frau Käßmann darauf mit den Worten, sie fühle sich geehrt, ins Spiel gebracht worden zu sein, würde aber gar nicht zur Verfügung stehen. Dass aus all dem überhaupt eine Nachricht gestrickt wird (und ich habe diesbezüglich ausschließlich bei der Tagesschau nachgelesen, nicht etwa im Boulevard), finde ich schon erschreckend genug. Dass aber die Damen und Herren Mitbürger/innen sich dazu bemüßigt sehen, die Meldung von Frau Käßmanns „Absage" sehr ausführlich und in großer Zahl kommentieren zu müssen, finde ich noch abenteuerlicher. Da wird eine Trunkenheitsfahrt aus dem Jahr 2010 herausgekramt (nach der sie bekanntlich von allen Ämtern zurückgetreten war – ich bezweifle, dass das in einem Land der Winzerinnen und Winzer wie beispielsweise Rheinland-Pfalz auch nur irgendein Politiker – insbesondere ein männlicher – seit Gründung des Landes überhaupt in Erwägung gezogen hat), da wird mit einem kurzen „Gott sei Dank" reagiert, was noch nichtssagender ist (und zudem unorigineller) als das auch gern genommene „Zum Glück", denn niemand derer, die das äußern, nennt einen Grund für seine anscheinend so allumfassende Erleichterung. Außer der eben erwähnten Trunkenheitsfahrt, wegen der Frau Käßmann auch durchaus mal als „Schnapsdrossel" bezeichnet wird von den kommentierenden Damen und Herren. Wahrscheinlich während des ersten oder zweiten Feierabend-Biers. Legale

Abhängigkeiten sind ja so bequem und angenehm, wenn man gleichzeitig auch noch so tun kann, als hätten nur andere ein Problem mit den Drogen. Auch mit den legalen.

Die ganz Schlauen wiesen sogar darauf hin, dass es ja eine Trunkenheitsfahrt gegeben habe, die nicht mal im Artikel erwähnt worden sei – doch, das war erwähnt worden, man hätte halt nur mal mehr als die Überschrift lesen müssen. Das ist anscheinend nicht allen möglich.

Immerhin gibt es auch einigem die quasi als konstruktiven Vorschlag die Namen derer nennen, die sie sich als Bundespräsident vorstellen könnten. Friedrich Schorlemmer. Gregor Gysi.

Warten wir ab, bis es tatsächlich Nachrichten zu diesem Thema gibt, die diese Bezeichnung auch verdienen.

17. Oktober 2016

„Terror – Ihr Urteil" lautet der Titel eines Films, der heute Abend im Ersten läuft. Ein Gedankenexperiment.

Ich sehe es mir an, denn die Idee und überhaupt Gedankenexperimente finde ich höchst interessant. Die Umsetzung ist jedoch völlig missraten.

Verteidigungsminister Jung freut sich darüber, dass die Bürger ein „sehr sehr gutes Gespür haben".

Gerhart Baum antwortet auf die Frage, ob die knapp 87 % der Menschen, die für Freispruch gestimmt haben, gegen den Kern unserer Verfassung gestimmt haben, mit einem klaren „Ja". Was mich freut.

Überhaupt, was für ein albernes Setting: Es geht angeblich darum, dass Zehntausende gestorben wären – und das durch den Absturz eines Airbus A320. Hat eigentlich irgendjemand Ahnung davon, wie viele davon in ein Fußballstadion passen würden? Dass nun wirklich alles andere als klar ist, dass bei dem Absturz des Airbus in ein Fußballstadion überhaupt Menschen am Boden ums Leben gekommen wären?

Ich bin wirklich fassungslos. Ich hätte erwartet, dass sich das moralische Dilemma in dem Abstimmungsergebnis widerspiegelt, also dass es in etwa 50:50 ausgeht, genauer genommen hatte ich angesichts der Anlage des Films sogar vermutet, dass eher eine leichte Mehrheit für „schuldig" stimmt.

Gerhart Baum ist der einzige Vernünftige auf dem Plenum, scheint mir. Er regt sich darüber auf, dass die Zuschauer durch die Anlage des Stücks in die Irre geführt worden wären.

In Österreich übrigens ein fast identisches Ergebnis, in der Schweiz etwa 84 % für einen Freispruch.

November

23. November 2016

Irgendwo kursiert die Nachricht, dass bei den US-amerikanischen Präsidentschaftswahlen in drei Staaten Wahlmaschinen – oder heißen sie Wahlcomputer? – manipuliert worden wären. Und zwar mutmaßlich durch Hackerangriffe. Da die Ergebnisse dort – es handelt sich angeblich um drei sogenannte „swing states" – besonders knapp, aber in allen Fällen zu Gunsten von Donald Trump ausgefallen sind, wurde Hillary Clinton geraten, die Wahlen in diesen Staaten auf juristischem Wege anzufechten.

Unabhängig vom Wahrheitsgehalt dieser Meldung – von der ich selbst nur, gleichwohl aus zuverlässiger Quelle – mündlich erfahren habe, könnte eine derartige Anfechtung nur Verlierer haben, gleich wie es ausgeht. Verliert Clinton die Klage, steht sie noch blöder da als jetzt schon – als jemand, der auf allen Wegen versucht, an der Macht zu bleiben, als jemand, der einfach keine Niederlage eingestehen kann, völlig unabhängig davon, wie berechtigt eine solche Anfechtung gewesen wäre. Gewinnt sie die Klage, würde sie – soweit ich es verstehe – die Präsidentschaft eingeklagt haben. Auch wenn die Mehrzahl derer, die gewählt haben, ihre Stimme Hillary Clinton gegeben hat, glaube ich nicht, dass die Mehrheit der Wähler sich darüber freuen würde. Im Gegenteil, ich vermute, das würde nicht nur zu größerer Politikverdrossenheit und Gleichgültigkeit gegenüber der Politik führen, sondern sogar zu relativ offen ausgetragenen Kämpfen, nicht nur verbaler Natur. Ich verwende das Wort „Krieg" sehr selten, aber in dem Fall hielte ich – zumindest für eine kurze Phase – bürgerkriegsähnliche

Zustände für möglich, denn die „Lager" (die nicht immer solche sein wollen) stehen sich ja in Teilen nicht etwa in sachlichem Streit gegenüber, sondern in hochemotionalen und aggressiven Auseinandersetzungen. Schon in den vergangenen Wochen und auch jetzt wurden bzw. werden diese nicht immer ausschließlich verbal geführt, jedoch handelt es sich bei denjenigen, die sich prügeln, tatsächlich eher um eine Handvoll Leute, nicht um eine Vielzahl, erst recht nicht um die Mehrheit.

Dezember

19. Dezember 2016

Die Bild-Zeitung titelt online „Terror-Alarm". Die vorbereitete Titelseite der gedruckten morgigen Ausgabe, die der Redakteur bei Bild-TV in die Kamera hält, spricht von einem „Anschlag in Berlin". Bizarrerweise regt sich gleichzeitig bei Bild-TV einer der beiden Herren darüber auf, dass die AfD in Gestalt eines gewissen Marcus Pretzell die Ereignisse des heutigen Abends in Berlin für, so sagt er, widerwärtige Tweets missbrauche.

Und so sehr ich ihm Recht gebe, dass es kaum zu unterbieten ist, was dieser Herr der AfD von sich gibt, so ist doch auch die BLÖD heute kaum an Heuchlerei zu unterbieten.

In der Tat weiß bislang niemand genau, was denn nun passiert ist, ob es eine absichtliche Fahrt des LKWs auf den Weihnachtsmarkt war, ob aus irgendwelchen Gründen ein Unfall.

Und ebenso absurd mal wieder: Wahrscheinlich sind allein gestern in Berlin mehr als neun Menschen im Straßenverkehr ums Leben gekommen[1], aber darüber hat niemand ein Wort verloren, geschweige denn, dass es stundenlange Sondersendungen dazu gäbe, bei denen alles daran gesetzt wird, die Ursachen bis in das noch so kleinste Detail ans Licht

---

[1] Ich habe es nachgeschlagen: Im Jahr 2016 sind in Berlin 56 Menschen im Straßenverkehr tödlich verunfallt. Meine obige Vermutung hatte war also fernab der Realität. Dennoch: 56 Tote in einem Jahr, also (rein rechnerisch) 9 Verkehrstote in knapp 2 Monaten.

zu bringen. Zu fragen, wie so etwas in Zukunft verhindert werden könne.